Le guide du

PROCRASTINATEUR SUR LA

GESTUIN DU TEMPS

ÉTIENNE MARTIN

Introduction

INTRODUCTION

Qu'est-ce que la gestion du temps ?

Avant de plonger dans le vif du sujet des techniques de gestion du temps, comprenons d'abord ce qu'est exactement la gestion du temps. Une fois que nous avons une bonne compréhension de ce qu'est la gestion du temps, nous pouvons alors passer à la façon de devenir meilleur. Alors allons-y!

La gestion du temps n'est rien d'autre que le processus de planification, d'organisation et de contrôle de la façon dont vous passez votre temps afin d'atteindre des buts et des objectifs spécifiques. Cela implique de fixer des priorités, de créer un calendrier et de gérer les tâches et les activités de manière efficace et efficiente.

Une bonne gestion du temps peut vous aider à utiliser votre temps plus efficacement, à augmenter votre productivité et à réduire le stress et l'anxiété. Maintenant, qui ne veut pas ça ? ! Cela peut également vous aider à atteindre un meilleur équilibre travail-vie personnelle, vous permettant de consacrer du temps à vos engagements professionnels et personnels. La gestion du temps implique de prendre des décisions conscientes sur la façon dont vous passez votre temps, plutôt que de simplement réagir aux exigences du moment. Cela nécessite de l'autodiscipline et la capacité de hiérarchiser les tâches et les responsabilités afin de tirer le meilleur parti de votre temps.

Une gestion efficace du temps implique de fixer des buts et des objectifs spécifiques, puis d'organiser et de hiérarchiser vos tâches et activités de manière à vous aider à atteindre ces objectifs. Cela peut impliquer la création d'un horaire ou d'un calendrier pour planifier votre temps, diviser les tâches plus importantes en morceaux plus petits et plus gérables et déléguer des tâches à d'autres, le cas échéant. La gestion du temps implique également d'être conscient de la façon dont vous passez votre temps et d'identifier et d'éliminer les activités qui ne sont pas productives ou nécessaires. Cela peut inclure l'établissement de limites pour minimiser les distractions et les interruptions et apprendre à dire «non» aux demandes déraisonnables ou inutiles de votre temps.

Une gestion efficace du temps nécessite également d'être conscient de vos propres schémas de productivité personnelle et de trouver les stratégies qui vous conviennent le mieux. Par exemple, certaines personnes peuvent être plus productives le matin, tandis que d'autres peuvent mieux travailler la nuit. Il est important de trouver un horaire et une routine qui vous conviennent le mieux ainsi qu'à vos besoins et objectifs personnels.

En plus de vous aider à atteindre vos objectifs et à être plus productif, une bonne gestion du temps peut également contribuer à réduire le stress et à améliorer votre sentiment général de bien-être. En prenant le contrôle de votre temps et en évitant de vous sentir dépassé ou surchargé, vous pouvez créer plus d'équilibre et d'harmonie dans votre vie.

Pourquoi la gestion efficace du temps est-elle importante ?

Une gestion efficace du temps est essentielle à la réussite personnelle et professionnelle. Je suis sûr que vous comprenez cela profondément, sinon, pourquoi liriez-vous ce livre :)

En organisant et en hiérarchisant vos tâches et activités, vous pouvez utiliser votre temps plus efficacement et atteindre vos objectifs plus rapidement et avec moins de stress.

Vie professionnelle

Une gestion efficace du temps est cruciale pour réussir dans sa vie professionnelle. Une bonne gestion du temps permet aux individus de hiérarchiser les tâches, d'augmenter la productivité et d'améliorer les performances globales au travail. Dans ce contexte, une gestion efficace du temps implique la planification, la hiérarchisation et l'organisation des activités de travail de manière à maximiser la productivité et à minimiser les pertes de temps.

L'un des principaux avantages d'une gestion efficace du temps est l'augmentation de la productivité. Avec une planification et une organisation appropriées, les individus peuvent mieux se concentrer sur des tâches importantes, plutôt que de s'enliser dans des tâches moins importantes. Cela contribue à augmenter l'efficacité et la productivité, ce qui peut conduire à une carrière plus réussie.

Une gestion efficace du temps aide également les individus à respecter les délais et à atteindre leurs objectifs. En fixant des objectifs et des délais clairs, les individus peuvent travailler à les atteindre systématiquement, sans se sentir dépassés ou stressés. Cela permet également d'éviter les rushs de dernière minute, qui peuvent entraîner des erreurs et des délais non respectés.

Un autre aspect important de la gestion efficace du temps est la priorisation. Dans un contexte professionnel, les individus sont souvent confrontés à de nombreuses tâches, chacune avec différents niveaux d'importance et d'urgence. Une gestion efficace du temps implique d'identifier les tâches les plus importantes et de les hiérarchiser en conséquence. Cela aide les individus à se concentrer sur les tâches essentielles à leur réussite et à s'assurer qu'elles sont terminées en temps opportun.

Une gestion efficace du temps favorise également un meilleur équilibre travail-vie personnelle. En gérant efficacement leur temps, les individus peuvent éviter de passer trop d'heures au travail et consacrer du temps à leurs activités et responsabilités personnelles. Cela peut aider à réduire le stress, à améliorer la santé mentale et à créer une vie plus équilibrée et épanouissante en dehors du travail.

De plus, une gestion efficace du temps peut conduire à une satisfaction professionnelle accrue. Lorsque les individus sont capables de terminer leur travail de manière efficace et efficiente, ils ressentent un sentiment d'accomplissement et d'épanouissement. Cela peut conduire à une satisfaction et une motivation accrues au travail, ainsi qu'à une meilleure expérience de travail globale.

Enfin, une gestion efficace du temps peut améliorer les perspectives de carrière. Les personnes capables de gérer efficacement leur temps sont souvent considérées comme fiables, productives et compétentes. Cela peut conduire à des opportunités d'avancement professionnel, à des responsabilités accrues et à des salaires plus élevés.

Vie privée

L'un des principaux avantages d'une gestion efficace du temps dans nos vies personnelles est qu'elle nous permet de prioriser et d'accomplir les choses qui comptent le plus pour nous. En fixant des objectifs et des priorités clairs, nous pouvons concentrer notre temps et notre énergie sur les activités les plus importantes, qu'il s'agisse de passer du temps avec des êtres chers, de poursuivre des passe-temps et des intérêts ou de travailler sur le développement personnel. Ceci, à son tour, nous aide à nous sentir plus épanouis et satisfaits dans notre vie personnelle.

Une gestion efficace du temps nous permet également de mieux gérer nos responsabilités et obligations personnelles, telles que les tâches ménagères, les courses et les rendez-vous. En planifiant et en organisant efficacement notre temps, nous pouvons nous assurer que nous avons suffisamment de temps pour accomplir ces tâches sans nous sentir dépassés ou stressés. Cela peut aider à réduire notre niveau de stress général et à améliorer notre bien-être général.

Un autre avantage important d'une gestion efficace du temps dans nos vies personnelles est qu'elle nous permet de prendre soin de nous-mêmes. En prévoyant du temps pour des activités de soins personnels telles que l'exercice, la méditation ou la relaxation, nous pouvons améliorer notre santé physique et mentale et augmenter notre bien-être général. De plus, en prenant du temps pour prendre soin de soi, nous pouvons également réduire le risque d'épuisement professionnel et améliorer notre capacité à gérer le stress et les situations difficiles.

Une gestion efficace du temps nous permet également de consacrer du temps aux relations importantes de notre vie, comme passer du temps de qualité avec la famille et les amis. En donnant la priorité à ces relations et en leur consacrant du temps, nous pouvons renforcer nos liens avec les autres et améliorer notre bonheur et notre bien-être en général.

Dans notre vie personnelle, une gestion efficace du temps nous aide également à éviter de perdre du temps dans des activités improductives ou inutiles. En fixant des objectifs et des priorités clairs, nous pouvons identifier les activités qui ne contribuent pas à notre bonheur ou à notre bien-être général et les éliminer de nos horaires. Cela peut nous aider à nous sentir plus concentrés et productifs dans nos vies personnelles.

Enfin, une gestion efficace du temps dans nos vies personnelles peut nous aider à atteindre un meilleur équilibre travail-vie personnelle. En consacrant du temps aux choses qui comptent le plus pour nous, nous pouvons réduire le risque d'épuisement professionnel et améliorer notre capacité à gérer nos responsabilités professionnelles. Cela peut conduire à une vie plus épanouissante et satisfaisante dans l'ensemble.

La gestion efficace du temps est une compétence cruciale qui peut vous aider à atteindre vos objectifs, tant sur le plan personnel que professionnel. Cela exige de l'autodiscipline et la capacité d'établir des priorités et de gérer vos tâches et activités de manière organisée et efficace. En développant de bonnes habitudes de gestion du temps, vous pouvez tirer le meilleur parti de votre temps et réussir davantage dans tous les domaines de votre vie.

Avantages d'une bonne gestion du temps

Une bonne gestion du temps peut offrir un large éventail d'avantages, tant sur le plan personnel que professionnel. Je suis sûr que certains d'entre eux ne sont pas nouveaux pour vous. Nous avons vu l'impact que même une petite quantité de structure et de discipline dans la gestion du temps a sur notre vie. Alors pourquoi ne pas en savoir plus sur les autres impacts qu'une bonne gestion du temps peut avoir.

Productivité accrue: En organisant et en hiérarchisant vos tâches et activités, vous pouvez utiliser votre temps plus efficacement et en faire plus en moins de temps. C'est exactement là qu'on coince. Nous avons tellement de choses à faire et nous ne savons pas par où commencer, alors nous tergiversons et le problème ne fait que s'aggraver. Au lieu d'avoir peur de gravir toute la montagne, nous devons nous concentrer sur un pas à la fois.

Moins de stress: Une bonne gestion du temps peut vous aider à éviter de vous sentir dépassé ou surchargé, ce qui peut réduire le stress et améliorer votre sentiment général de bien-être. En établissant des priorités claires et en gérant votre temps efficacement, vous pouvez contrôler votre charge de travail et éviter de vous sentir bousculé ou sous pression. Cela accompagne le premier point. Une fois que nous commençons à faire le travail et que nous trouvons un moyen de le faire, nous nous sentons plus en contrôle. Cela réduit automatiquement votre stress, ce qui vous permet en outre de travailler beaucoup mieux.

Meilleur équilibre travail-vie personnelle: Une gestion efficace du temps peut vous aider à équilibrer vos divers engagements et responsabilités, et à réserver du temps pour les choses qui sont les plus importantes pour vous. Avez-vous manqué la danse ou le dîner de votre enfant avec des amis du collège uniquement parce que vous aviez beaucoup de travail à terminer ? Le plus grand objectif d'une bonne gestion du temps est de vous permettre de faire beaucoup plus de votre vie. Pour vous donner la liberté d'explorer plus de parties de votre vie sans vous sentir coupable de négliger une autre partie de votre vie.

Amélioration de la réalisation des objectifs: En fixant des objectifs clairs et précis et en organisant votre temps et vos tâches de manière à vous aider à atteindre ces objectifs, vous pouvez progresser régulièrement vers vos objectifs.

Meilleure réputation: Dans le monde professionnel, une bonne gestion du temps peut vous aider à vous bâtir une bonne réputation et à progresser dans votre carrière. En respectant constamment les délais et en terminant les projets à temps, vous pouvez démontrer votre fiabilité et votre fiabilité à vos collègues et supérieurs.

Créativité accrue et compétences en résolution de problèmes : Une bonne gestion du temps peut aider à libérer de l'énergie mentale et de l'espace, vous permettant de penser de manière plus créative et de résoudre efficacement les problèmes. En évitant de vous sentir dépassé ou pressé, vous pouvez accéder plus facilement à vos capacités créatives de résolution de problèmes.

ÉVALUER VOS COMPÉTENCES ACTUELLES EN GESTION DU TEMPS

La première étape de l'amélioration consiste à identifier clairement le problème. Plus vous vieillissez clairement avec ce qui cause exactement vos problèmes de gestion du temps, plus il vous sera facile de les résoudre. L'évaluation de vos compétences actuelles en gestion du temps implique d'évaluer comment vous passez actuellement votre temps et d'identifier les domaines qui pourraient entraver votre productivité et votre efficacité. Cela peut impliquer de suivre votre temps et de mesurer comment vous le dépensez, d'identifier les pertes de temps courantes et de fixer des objectifs pour améliorer votre gestion du temps.

Pour évaluer vos compétences actuelles en gestion du temps, vous pouvez envisager des questions telles que : Avez-vous des objectifs et des priorités clairs ? Utilisez-vous un emploi du temps ou un calendrier pour planifier votre temps ? Effectuez-vous régulièrement des tâches à temps ou avez-vous tendance à tergiverser ? Avez-vous de la difficulté à gérer les distractions et les interruptions? En répondant à ces questions et à d'autres, vous pourrez mieux comprendre vos compétences actuelles en matière de gestion du temps et identifier les domaines à améliorer.

Identifier les pertes de temps courantes

L'identification des pertes de temps courantes peut être une étape importante dans l'amélioration de vos compétences en gestion du temps. Les pertes de temps sont des activités ou des habitudes qui consomment votre temps sans apporter de valeur ou d'avantage réel. Ils peuvent peser lourdement sur votre productivité et votre efficacité et peuvent compliquer la réalisation de vos buts et objectifs. Certaines pertes de temps courantes incluent :

Vérification des e-mails et des réseaux sociaux: La vérification constante des e-mails et des réseaux sociaux peut être une distraction majeure et peut consommer une grande partie de votre temps. Perdre du temps par e-mail peut sembler contre-intuitif. Votre travail nécessite que vous vérifiiez votre messagerie. Comment cela peut-il être considéré comme une perte de temps ? ! Nous finissons par perdre du temps en ne travaillant pas sur nos e-mails professionnels mais en nous laissant distraire par toutes les offres qui bombardent notre boîte de réception. Il n'est pas toujours facile de ne pas utiliser pleinement ce coupon de réduction de 15 % qui attend dans notre boîte de réception. Les médias sociaux sont une bête totalement différente. Instagram, YouTube, TikTok, Snapchat, Facebook, etc. sont faits pour vous distraire et vous distraire Le simple fait d'apprendre combien de temps nous passons sur chacune de ces plateformes contribue grandement à réduire notre utilisation.

Multitâche : Bien qu'il puisse sembler que le multitâche peut vous aider à en faire plus en moins de temps, cela peut en fait être une perte de temps considérable. Passer d'une tâche à l'autre peut prendre du temps et réduire votre productivité globale. Cela vous empêche de vous concentrer sur un travail et de finir le travail. Au lieu de cela, vous effectuez toujours plusieurs tâches en même temps et aucune des tâches de votre liste de tâches n'est cochée. Terminer un travail et le supprimer de votre liste de tâches est incroyablement satisfaisant et vous pousse à en faire plus.

Réunions: "Eh bien, cela aurait pu être juste un e-mail" Malheureusement, nous avons ressenti cela d'innombrables fois alors que nous étions assis dans une autre réunion longue et inutile. Les réunions peuvent être une partie importante du travail, mais elles peuvent aussi être une perte de temps importante si elles ne sont pas bien organisées et productives. Comme toute autre tâche, si une réunion n'a pas d'objectif et de délai prédéfinis, elle s'éternisera et ne sera généralement pas efficace. Envisagez de limiter le nombre de réunions auxquelles vous assistez et assurez-vous de préparer et de suivre les réunions pour tirer le meilleur parti de votre temps.

Perfectionnisme : Le perfectionnisme est l'une des principales raisons de la procrastination. Il peut être incroyablement difficile de se contenter de terminer une tâche parce que vous pensez que ce n'est pas assez bon. Cela conduit simplement à de plus en plus de tâches qui s'accumulent, ce qui entraîne beaucoup plus de stress. La recherche de la perfection peut être une perte de temps si elle conduit à revoir et à réviser constamment les tâches. Il est important de trouver un équilibre entre un travail de qualité et une gestion efficace de votre temps.

Désorganisation: La désorganisation peut être une perte de temps importante, car elle peut rendre difficile la recherche d'objets et entraîner une perte de temps à chercher des objets ou à essayer de se souvenir de ce que vous devez faire. En restant organisé, vous pouvez utiliser votre temps plus efficacement.

En identifiant et en traitant les pertes de temps courantes, vous pouvez améliorer vos compétences en gestion du temps et être plus productif.

Mesurer comment vous passez actuellement votre temps

Une très grande révélation pour moi a été lorsque j'ai découvert combien de temps je passais réellement sur mes applications de médias sociaux sur mon téléphone. J'étais à peu près dans le déni que je n'utilisais pas beaucoup les réseaux sociaux. Je n'étais pas accro. Je pourrais m'arrêter quand je veux. La mentalité de dépendance classique. Les appareils modernes disposent d'outils qui vous permettent de voir combien d'heures de la journée vous passez sur différentes applications. Vous serez certainement surpris par les résultats. Mesurer la façon dont vous passez actuellement votre temps peut être une étape utile pour améliorer vos compétences en gestion du temps. En suivant votre temps et en comprenant où il va, vous pouvez identifier les domaines dans lesquels vous perdez du temps et apporter des modifications pour être plus productif et efficace. Il existe plusieurs méthodes différentes que vous pouvez utiliser pour mesurer la façon dont vous passez actuellement votre temps, notamment :

Journaux horaires : Un journal de temps est un enregistrement de la façon dont vous passez votre temps tout au long de la journée. Pour créer un journal de bord, vous pouvez utiliser un planificateur, une feuille de calcul ou une simple feuille de papier. Commencez par diviser votre journée en blocs de temps, puis notez ce que vous faites pendant chaque bloc. Soyez aussi précis que possible et incluez toutes les activités, y compris les tâches professionnelles, les activités personnelles et les loisirs.

Logiciel de suivi du temps : Il existe de nombreux outils logiciels disponibles qui peuvent vous aider à suivre et à mesurer votre temps. Ces outils peuvent enregistrer automatiquement la façon dont vous passez votre temps sur votre ordinateur ou votre téléphone et peuvent fournir des rapports détaillés sur votre activité. Certains outils de suivi du temps vous permettent même de catégoriser votre temps et de suivre vos progrès vers des objectifs spécifiques.

Journaux de temps : Un journal de temps est un enregistrement détaillé de vos activités quotidiennes. Pour créer un journal de temps, vous pouvez utiliser un planificateur ou une feuille de calcul, ou vous pouvez simplement noter vos activités dans un cahier. Assurez-vous d'enregistrer tout ce que vous faites, y compris les tâches professionnelles, les activités personnelles et les loisirs.

Applications pour smartphones : Il existe de nombreuses applications pour smartphone disponibles qui peuvent vous aider à suivre et à mesurer votre temps. Ces applications peuvent enregistrer automatiquement votre activité sur votre téléphone et peuvent fournir des rapports détaillés sur la façon dont vous passez votre temps. Certaines applications vous permettent même de définir des objectifs et de suivre vos progrès vers leur réalisation. Certaines applications de suivi du temps populaires incluent :

Basculer: Toggl est une simple application de suivi du temps qui vous permet de suivre votre temps et vos activités sur votre téléphone ou votre ordinateur. Il fournit des rapports détaillés sur votre utilisation du temps et vous permet de définir des objectifs et de suivre vos progrès.

Temps de sauvetage : RescueTime est une application de suivi du temps qui surveille votre activité sur votre téléphone et votre ordinateur et fournit des rapports détaillés sur la façon dont vous passez votre temps. Il comprend également des fonctionnalités pour vous aider à rester concentré et à éviter les distractions.

Opportun: Timely est une application de suivi du temps qui vous permet d'enregistrer votre temps et vos activités sur votre téléphone ou votre ordinateur. Il fournit des rapports détaillés sur votre utilisation du temps et comprend des fonctionnalités pour vous aider à définir des objectifs et à suivre vos progrès.

Récolte: Harvest est une application de suivi du temps qui vous permet d'enregistrer votre temps et vos activités sur votre téléphone ou votre ordinateur. Il fournit des rapports détaillés sur votre utilisation du temps et inclut des fonctionnalités pour vous aider à gérer vos projets et votre facturation.

Docteur du temps : Time Doctor est une application de suivi du temps qui vous permet de suivre votre temps et vos activités sur votre téléphone ou votre ordinateur. Il fournit des rapports détaillés sur votre utilisation du temps et comprend des fonctionnalités pour vous aider à rester concentré et à éviter les distractions.

FIXER DES OBJECTIFS POUR AMÉLIORER VOTRE GESTION DU TEMPS

Fixer des objectifs pour améliorer votre gestion du temps peut être une étape utile pour atteindre une productivité et une réussite accrues. En fixant des objectifs clairs et précis, vous pouvez concentrer vos efforts et progresser régulièrement vers l'amélioration de vos compétences en gestion du temps. Voici quelques conseils pour vous fixer des objectifs afin d'améliorer votre gestion du temps :

Commencer petit: Il est important de commencer par de petits objectifs réalisables plutôt que d'essayer d'apporter trop de changements à la fois. En fixant de petits objectifs atteignables, vous pouvez créer un élan et de la confiance, et faciliter le maintien de vos progrès au fil du temps.

Être spécifique: Plutôt que de fixer des objectifs vagues ou généraux, essayez d'être aussi précis que possible. Par exemple, au lieu de vous fixer comme objectif « d'être plus organisé », fixez-vous comme objectif de « passer 30 minutes par jour à désencombrer mon bureau ». Les objectifs spécifiques sont plus faciles à mesurer et à suivre et peuvent vous aider à progresser davantage.

Rendez vos objectifs mesurables : Il est important de fixer des objectifs qui peuvent être mesurés afin que vous puissiez suivre vos progrès et voir comment vous vous en sortez. Par exemple, plutôt que de vous fixer comme objectif de « passer moins de temps sur les réseaux sociaux », fixez-vous comme objectif de « ne pas passer plus de 30 minutes par jour sur les réseaux sociaux ». Cela vous permettra de suivre vos progrès et de voir comment vous vous en sortez.

Fixez un délai : En fixant une date limite pour vos objectifs, vous pouvez créer un sentiment d'urgence et de motivation pour progresser. Assurez-vous de choisir un délai réaliste et réalisable, mais qui offre également un sens du défi.

Passez en revue vos progrès : Il est important de revoir régulièrement vos progrès pour voir comment vous vous en sortez et faire les ajustements nécessaires. Cela peut impliquer de suivre votre temps, de mesurer votre productivité et de rechercher des domaines dans lesquels vous pouvez vous améliorer.

En fixant des objectifs clairs et précis pour améliorer votre gestion du temps, vous pouvez concentrer vos efforts et progresser régulièrement vers l'amélioration de votre productivité et de votre efficacité. N'oubliez pas de commencer petit et d'être précis, et assurez-vous de revoir régulièrement vos progrès pour apporter les ajustements nécessaires. Avec le temps et la pratique, vous pouvez développer de bonnes habitudes de gestion du temps qui vous aideront à atteindre vos objectifs et à mieux réussir dans votre vie personnelle et professionnelle.

Fixer des priorités et des objectifs

L'établissement de priorités et d'objectifs est un aspect important d'une gestion efficace du temps. En fixant des priorités claires, vous pouvez concentrer vos efforts sur les tâches et les activités qui sont les plus importantes et qui auront le plus grand impact. Cela peut vous aider à éviter de perdre du temps sur des tâches inutiles ou peu prioritaires et à progresser régulièrement vers vos objectifs. Pour définir efficacement les priorités et les objectifs, il est important de :

Identifiez vos tâches et activités les plus importantes : Prenez le temps de réfléchir aux tâches et activités les plus importantes pour vous et qui auront le plus grand impact. Ce sont vos tâches les plus prioritaires et devraient recevoir la plus grande attention. Maintenant, cela peut sembler très évident et nous le faisons généralement de manière intuitive. Le problème survient lorsqu'il y a trop de tâches pour effectuer ce processus intuitivement. Tout semble important et tout doit être fait MAINTENANT !

Ralentir, réfléchir aux tâches et mettre les tâches sur papier avec une importance et des délais est la première étape. Une fois que cela a été fait, nous pouvons commencer par ce qui suit :

Fixez-vous des objectifs précis et réalisables : Plutôt que de fixer des objectifs vagues ou généraux, soyez précis et choisissez des objectifs réalisables. Cela vous permettra de mesurer plus facilement vos progrès et de rester motivé.

Créer un planning : Une fois que vous avez identifié vos priorités et défini vos objectifs, créez un plan pour les atteindre. Cela peut impliquer la création d'un horaire ou d'un calendrier pour planifier votre temps, diviser les tâches plus importantes en morceaux plus petits et plus gérables et déléguer des tâches à d'autres, le cas échéant.

Revoyez et ajustez régulièrement vos priorités et vos objectifs : Il est important de revoir régulièrement vos priorités et vos objectifs pour vous assurer qu'ils sont toujours pertinents et alignés sur vos objectifs généraux. Cela peut impliquer d'ajuster vos objectifs ou d'apporter des modifications à votre plan au besoin.

En fixant des priorités et des objectifs, vous pouvez concentrer vos efforts sur les tâches et les activités les plus importantes et progresser régulièrement vers la réalisation de vos objectifs. Cela peut vous aider à être plus productif et efficace, et vous permettre d'atteindre vos objectifs plus rapidement et avec moins de stress.

L'importance de se fixer des objectifs clairs et précis

L'établissement d'objectifs clairs et précis est un aspect important de la gestion efficace du temps et de la réalisation des objectifs. En fixant des objectifs clairs et précis, vous pouvez concentrer vos efforts et faire des progrès constants vers la réalisation de ce que vous voulez. Certains des principaux avantages de la définition d'objectifs clairs et spécifiques incluent :

Plus de clarté et de concentration: Des objectifs clairs et spécifiques fournissent une direction et une orientation claires, vous aidant à rester motivé et sur la bonne voie. En sachant exactement ce que vous voulez accomplir, vous pouvez éviter de perdre du temps sur des tâches inutiles ou peu prioritaires et rester concentré sur les choses qui comptent le plus. Vous devez avoir les yeux sur le prix pour avoir une chance de gagner le prix

Mesure et suivi plus faciles: Les objectifs spécifiques sont plus faciles à mesurer et à suivre, ce qui peut vous aider à voir vos progrès et à rester motivé. En fixant des objectifs spécifiques et mesurables, vous pouvez suivre vos progrès et voir comment vous vous en sortez, et faire les ajustements nécessaires pour rester sur la bonne voie. Plus les objectifs sont spécifiques, moins vous prenez de temps pour comprendre comment atteindre un objectif et plus il devient facile de terminer cet objectif.

Motivation et engagement accrus : Des objectifs clairs et spécifiques peuvent donner un sens à l'objectif et à la motivation, vous aidant à rester engagé et concentré sur la réalisation de ce que vous voulez. En fixant des objectifs significatifs et importants pour vous, vous pouvez rester motivé et engagé, même lorsque les choses deviennent difficiles.

Une plus grande responsabilisation : Des objectifs spécifiques fournissent une norme claire pour mesurer vos progrès, ce qui peut augmenter votre responsabilité et vous aider à rester sur la bonne voie. En vous fixant des objectifs clairs et précis, vous pouvez vous tenir responsable de vos progrès et de la réalisation de vos objectifs.

Dans l'ensemble, l'établissement d'objectifs clairs et précis est un aspect important de la gestion efficace du temps et de la réalisation des objectifs. En fixant des objectifs clairs, précis et mesurables, vous pouvez concentrer vos efforts et progresser régulièrement vers la réalisation de ce que vous voulez, et augmenter vos chances de succès.

Comment décomposer les objectifs plus importants en tâches plus petites et plus gérables

Décomposer des objectifs plus importants en tâches plus petites et plus gérables peut être un moyen efficace de progresser et d'atteindre ce que vous voulez. En divisant vos objectifs en tâches plus petites et plus gérables, vous pouvez concentrer vos efforts et progresser régulièrement vers la réalisation de vos objectifs. Voici quelques conseils pour décomposer des objectifs plus importants en tâches plus petites :

Commencez par la fin en tête : Avant de commencer à décomposer vos objectifs en tâches plus petites, il est important d'avoir une idée claire de ce que vous voulez accomplir. Prenez le temps de réfléchir à vos objectifs plus larges et à ce que vous voulez accomplir. Cela vous aidera à identifier les petites tâches qui doivent être accomplies pour atteindre vos objectifs.

Identifiez les étapes clés et les jalons : Une fois que vous avez une idée claire de vos objectifs plus larges, identifiez les étapes clés et les jalons qui seront nécessaires pour les atteindre. Celles-ci peuvent inclure la recherche, la planification, la mise en œuvre et l'évaluation.

Décomposez chaque étape en tâches plus petites: Une fois que vous avez identifié les étapes clés et les jalons, décomposez chaque étape en tâches plus petites. Il peut s'agir d'actions ou d'activités spécifiques qui doivent être réalisées pour progresser.

Priorisez vos tâches : Une fois que vous avez une liste de petites tâches, hiérarchisez-les en fonction de leur importance et de leur urgence. Cela vous aidera à vous concentrer d'abord sur les tâches les plus importantes et à vous assurer que vous progressez vers vos objectifs plus larges.

Fixez des délais : Pour rester motivé et sur la bonne voie, il peut être utile de fixer des délais pour accomplir chacune de vos petites tâches. Cela vous aidera à créer un sentiment d'urgence et à vous assurer que vous progressez vers vos objectifs.

Révisez et ajustez si nécessaire : Lorsque vous travaillez sur vos petites tâches, assurez-vous de revoir régulièrement vos progrès et de faire les ajustements nécessaires. Cela peut impliquer de réviser votre liste de tâches, de fixer de nouveaux délais ou d'ajuster vos priorités au besoin.

Dans l'ensemble, décomposer des objectifs plus importants en tâches plus petites et plus gérables peut être un moyen efficace de progresser et d'atteindre ce que vous voulez. En divisant vos objectifs en tâches plus petites, vous pouvez concentrer vos efforts et progresser régulièrement vers la réalisation de vos objectifs.

Techniques de priorisation des tâches

Il existe de nombreuses techniques différentes pour hiérarchiser les tâches, et la meilleure approche dépendra de vos besoins et objectifs individuels. Certaines techniques courantes pour hiérarchiser les tâches comprennent

La méthode Eisenhower : La méthode Eisenhower est un système de productivité et de gestion du temps qui aide les individus à hiérarchiser leurs tâches et activités. Il porte le nom de Dwight D. Eisenhower, le 34e président des États-Unis, connu pour sa productivité exceptionnelle et sa capacité à gérer de multiples responsabilités. La méthode consiste à catégoriser les tâches en quatre quadrants en fonction de leur niveau d'urgence et d'importance.

Le quadrant 1 comprend des tâches qui sont à la fois urgentes et importantes, telles que les délais et les urgences, et doivent être classées par ordre de priorité en premier.

Le quadrant 2 comprend des tâches importantes mais non urgentes, telles que la planification à long terme et le développement personnel, et auxquelles il convient d'accorder une attention une fois les tâches urgentes terminées.

Le quadrant 3 comprend les tâches urgentes mais non importantes, telles que les interruptions et les réunions inutiles, et qui doivent être déléguées ou minimisées.

Le quadrant 4 comprend des tâches qui ne sont ni urgentes ni importantes, telles que les distractions et les activités chronophages, et doivent être évitées ou minimisées autant que possible.

La méthode Eisenhower encourage les individus à se concentrer sur des tâches importantes plutôt que simplement urgentes, car cela peut aider à prévenir l'épuisement professionnel et à augmenter la productivité globale. En hiérarchisant les tâches en fonction de leur niveau d'urgence et d'importance, les individus peuvent gérer efficacement leur temps et atteindre leurs objectifs plus efficacement.

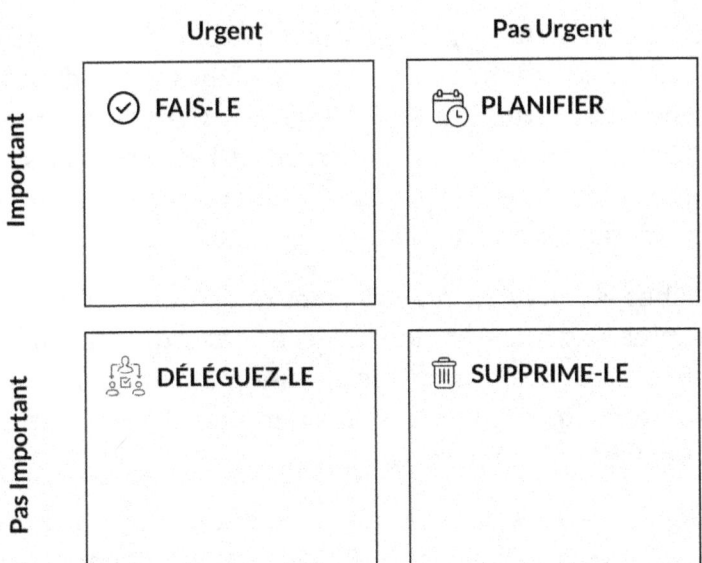

La méthode ABC : La méthode ABC est une technique de priorisation des tâches en fonction de leur niveau d'importance et d'urgence. La méthode a été popularisée par Brian Tracy dans son livre "Eat That Frog!" et est largement utilisé dans les stratégies de gestion du temps et de productivité. La méthode ABC consiste à classer les tâches en trois catégories : A, B et C.

Les tâches classées en A sont celles qui sont les plus importantes et les plus urgentes et doivent être effectuées immédiatement. Ce sont des tâches qui ont des conséquences si elles ne sont pas accomplies et qui peuvent avoir un impact significatif sur les buts et les objectifs d'une personne.

Les tâches classées dans la catégorie B sont importantes mais pas aussi urgentes que les tâches A. Ces tâches doivent être terminées dès que possible après la fin des tâches A.

Les tâches classées en C sont des tâches qui ne sont ni importantes ni urgentes. Ces tâches doivent être déléguées ou éliminées si possible, car elles peuvent être des distractions de tâches plus importantes.

Un aspect important de la méthode ABC est de hiérarchiser davantage les tâches A en leur attribuant une valeur numérique en fonction de leur niveau d'importance. Par exemple, une tâche A1 est plus importante qu'une tâche A2, qui est plus importante qu'une tâche A3.

Le principe de Pareto : Le principe de Pareto, également connu sous le nom de règle des 80/20, est un concept populaire en matière de gestion du temps et de productivité. Le principe stipule que 80% des effets proviennent de 20% des causes. Appliqué à la gestion du temps, cela signifie que 80% de vos résultats proviendront de 20% de vos activités. En d'autres termes, en vous concentrant sur les 20 % les plus importants de vos tâches, vous pouvez atteindre 80 % des résultats souhaités.

Pour appliquer le principe de Pareto à la gestion du temps, il est important d'identifier les tâches les plus importantes qui auront le plus grand impact sur vos objectifs. Ce sont souvent les tâches qui demandent le plus de temps, d'efforts ou de créativité. En priorisant ces tâches et en vous concentrant sur elles en premier, vous pouvez vous assurer que vous dépensez votre temps et votre énergie là où cela aura le plus d'impact.

Une autre façon d'appliquer le principe de Pareto est d'identifier les tâches qui consomment le plus de temps sans ajouter de valeur significative. Ce sont souvent les tâches de faible priorité qui peuvent être déléguées, automatisées ou complètement éliminées. En vous concentrant sur les tâches qui offrent le plus de valeur et en éliminant les tâches qui n'en ont pas, vous pouvez libérer plus de temps et d'énergie pour vous concentrer sur les tâches qui comptent vraiment.

Un défi potentiel du principe de Pareto est qu'il peut être difficile de déterminer quelles tâches sont les plus importantes. Il est important de prendre le temps de réfléchir à vos objectifs et priorités et de solliciter les commentaires des autres pour vous aider à identifier les tâches qui auront le plus grand impact. De plus, il est important d'être flexible et adaptable, car les priorités peuvent changer avec le temps et ce qui était autrefois une tâche hautement prioritaire peut ne plus être aussi important.

Dans l'ensemble, le principe de Pareto peut être un outil précieux pour la gestion du temps et la productivité. En vous concentrant sur les tâches qui apportent le plus de valeur et en éliminant les tâches qui n'en apportent pas, vous pouvez tirer le meilleur parti de votre temps et atteindre vos objectifs plus efficacement.

PLANIFICATION ET BLOCAGE DU TEMPS

La planification et le blocage du temps sont des techniques qui impliquent de réserver des blocs de temps dédiés à des tâches et activités spécifiques. La planification implique la création d'un calendrier ou d'un calendrier qui indique quand vous travaillerez sur différentes tâches et activités, tandis que le blocage du temps implique de réserver des blocs de temps spécifiques pour des tâches spécifiques. En planifiant et en bloquant le temps, vous pouvez mieux gérer votre temps et augmenter votre productivité.

Techniques de blocage du temps

Le blocage du temps est une technique de gestion de votre temps en réservant des blocs de temps dédiés à des tâches et activités spécifiques. Il vous permet de diviser de gros morceaux de travail en plus petites parties réalisables et d'attribuer du temps à chaque morceau. Cela vous permet de vous concentrer pleinement sur les spécificités. Certaines techniques de blocage du temps incluent :

Identifiez vos priorités: Avant de commencer à bloquer le temps, il est important d'identifier vos tâches et activités les plus importantes. Ce sont les tâches auxquelles il faut accorder la plus haute priorité et qui doivent être planifiées en premier. Nous pouvons utiliser les méthodes dont nous avons discuté précédemment pour définir des priorités pour des tâches telles que la méthode Eisenhover, la méthode ABC, etc.

Déterminez la durée de vos blocs horaires : Ensuite, déterminez combien de temps vous voulez que vos blocs de temps durent. Certaines personnes trouvent utile de planifier des blocs de temps plus courts, tels que 30 à 60 minutes, tandis que d'autres préfèrent des blocs plus longs, tels que 90 à 120 minutes. La clé est de trouver la longueur qui vous convient le mieux et qui vous permet de rester concentré et productif.

Planifiez vos plages horaires : Une fois que vous avez identifié vos priorités et déterminé la durée de vos plages horaires, commencez à planifier votre temps. Assurez-vous d'inclure du temps pour les pauses et le repos, ainsi que du temps pour les tâches ou les interruptions imprévues.

Évitez le multitâche : Pendant vos blocs de temps, essayez de vous concentrer sur une tâche à la fois. Évitez d'effectuer plusieurs tâches à la fois ou de passer d'une tâche à l'autre, car cela peut réduire votre productivité et vous empêcher de rester concentré.

Ajustez au besoin : Lorsque vous commencez à bloquer le temps, vous constaterez peut-être que vous devez ajuster votre horaire ou vos blocs de temps pour mieux répondre à vos besoins et à vos objectifs. Soyez flexible et prêt à faire les ajustements nécessaires pour trouver un système de blocage du temps qui vous convient le mieux.

Le blocage du temps est une technique puissante pour gérer votre temps et augmenter votre productivité. En réservant des blocs de temps dédiés à des tâches et activités spécifiques, vous pouvez rester concentré et sur la bonne voie et tirer le meilleur parti de votre journée.

Les avantages de créer un horaire ou un calendrier

La création d'un horaire ou d'un calendrier peut être un outil puissant pour gérer le temps et augmenter la productivité. Certains des avantages de la création d'un horaire ou d'un calendrier incluent

Meilleure organisation : Un emploi du temps ou un calendrier peut vous aider à rester organisé en fournissant un aperçu clair de vos tâches et activités. En gardant une trace de votre emploi du temps et de votre calendrier, vous pouvez éviter les doubles réservations ou oublier des tâches importantes.

Une meilleure efficacité: En créant un horaire ou un calendrier, vous pouvez être plus efficace en répartissant judicieusement votre temps et vos ressources. En planifiant vos tâches et vos activités à l'avance, vous pouvez travailler plus efficacement et atteindre vos objectifs plus rapidement.

Amélioration de la réalisation des objectifs : En créant un horaire ou un calendrier, vous pouvez progresser régulièrement vers la réalisation de vos objectifs. En fixant des délais et en décomposant vos objectifs en tâches plus petites, vous pouvez concentrer vos efforts et progresser régulièrement vers la réalisation de ce que vous voulez.

Gestion du temps améliorée : Un horaire ou un calendrier peut vous aider à mieux gérer votre temps en indiquant quand vous travaillerez sur des tâches et des activités spécifiques. En ayant un plan clair sur la façon dont vous allez répartir votre temps, vous pouvez éviter de perdre du temps et rester sur la bonne voie.

Productivité accrue : En créant un emploi du temps ou un calendrier, vous pouvez être plus productif en vous concentrant sur des tâches spécifiques à des moments précis. Cela peut vous aider à éviter les distractions et à rester concentré sur ce sur quoi vous travaillez, ce qui vous permet d'en faire plus en moins de temps.

La création d'un emploi du temps ou d'un calendrier peut être un outil puissant pour gérer votre temps et augmenter votre productivité. En décrivant vos tâches et vos activités à l'avance, vous pouvez rester organisé, concentré et efficace, et progresser régulièrement vers la réalisation de vos objectifs.

Comment concilier temps structuré et temps flexible

Équilibrer un temps structuré et flexible peut être un moyen efficace de gérer votre temps et d'augmenter votre productivité. Le temps structuré fait référence aux blocs de temps que vous avez planifiés pour des tâches et des activités spécifiques, tandis que le temps flexible fait référence aux blocs de temps dont vous disposez pour des tâches ou des interruptions imprévues. Voici quelques conseils pour équilibrer les horaires structurés et flexibles :

Identifiez vos priorités : Avant de commencer à équilibrer votre temps structuré et flexible, il est important d'identifier vos tâches et activités les plus importantes. Ce sont les tâches auxquelles il faut accorder la plus haute priorité et qui doivent être planifiées en premier.

Planifiez votre temps structuré : Une fois que vous avez identifié vos priorités, commencez à planifier votre temps structuré. Cela peut inclure des blocs de temps pour des tâches, des réunions et des rendez-vous spécifiques. Assurez-vous également d'inclure des pauses et du repos dans votre emploi du temps.

Laissez place à la flexibilité : Bien qu'il soit important d'avoir un horaire structuré, il est également important de laisser de la place à la flexibilité. Cela peut inclure des blocs de temps pour des tâches ou des interruptions imprévues, ou du temps pour se reposer et se détendre.

Soyez prêt à ajuster votre emploi du temps : Au fur et à mesure que vous commencez à équilibrer votre temps structuré et flexible, vous constaterez peut-être que vous devez ajuster votre emploi du temps pour mieux répondre à vos besoins et à vos objectifs. Soyez flexible et prêt à faire les ajustements nécessaires pour trouver un équilibre qui vous convient le mieux.

Fixer des limites: Pour équilibrer efficacement votre temps structuré et flexible, il est important de fixer des limites et de protéger votre temps. Cela peut impliquer de dire non à des tâches non essentielles ou de fixer des limites sur le temps que vous consacrez à certaines activités.

Équilibrer un temps structuré et flexible peut être un moyen efficace de gérer votre temps et d'augmenter votre productivité. En planifiant des blocs de temps pour des tâches et des activités spécifiques et en laissant de la place à la flexibilité et aux tâches inattendues, vous pouvez trouver un équilibre qui vous convient le mieux et qui correspond à vos objectifs.

VAINCRE LA PROCRASTINATION

Si vous êtes arrivé ici, je suis sûr que vous savez ce qu'est la procrastination. Je voulais écrire sur la procrastination plus tôt mais je l'ai juste remis à plus tard

La procrastination peut être causée par une variété de facteurs, tels que le manque de motivation, la difficulté à gérer son temps ou la peur de l'échec. Ce n'est pas la chose la plus facile à surmonter et la première étape pour s'en remettre est simplement d'être gentil avec vous-même. Nous savons que la procrastination réduit la productivité et augmente le stress.

Nous allons d'abord comprendre la cause de la procrastination et ensuite comment nous pouvons la surmonter.

Qu'est-ce qui cause la procrastination ?

Il y a plusieurs raisons pour lesquelles nous tergiversons, bien que la principale raison soit le perfectionnisme.

Perfectionnisme

Maintenant, cela peut sembler contre-intuitif. Comment essayer de bien faire votre travail peut-il conduire à ne pas être en mesure de terminer votre travail ? ! C'est pourquoi il est important de comprendre le perfectionnisme. Le perfectionnisme n'est pas seulement la tendance à bien faire son travail, c'est une tendance à se fixer des normes élevées pour soi-même et pour les autres, et à rechercher la perfection dans son travail. Les normes extrêmement élevées sont presque irréalisables, ce qui vous pousse à abandonner la tâche.

L'une des façons dont le perfectionnisme mène à la procrastination est la peur de l'échec. Nous nous fixons des normes si élevées que nous pensons que nous ne pouvons pas commencer une tâche tant que nous ne sommes pas sûrs de pouvoir la terminer parfaitement. Cela conduit à une réticence à démarrer la tâche, ainsi qu'à des périodes prolongées de procrastination. De plus, nous pouvons devenir tellement concentrés sur des détails mineurs que nous perdons de vue la situation dans son ensemble, ce qui nous bloque ou nous submerge.

Le perfectionnisme peut également conduire à la procrastination par la tendance à trop réfléchir ou à trop analyser. Nous sommes souvent très autocritiques et passons trop de temps à réfléchir à toutes les façons dont nous pourrions échouer ou à toutes les choses que nous devons faire pour réussir. Cela peut conduire à une paralysie de l'analyse ou à une situation dans laquelle nous sommes tellement submergés par les options ou les possibilités que nous sommes incapables d'agir.

Enfin, le perfectionnisme peut provoquer la procrastination par la tendance à éviter les tâches perçues comme ennuyeuses ou sans importance. Nous pouvons donner la priorité aux tâches qui sont plus stimulantes ou intéressantes, même si ce ne sont pas les tâches les plus importantes ou les plus urgentes. Cela peut conduire à la procrastination sur les tâches les moins intéressantes, qui peuvent être reportées à la dernière minute ou même complètement ignorées.

Peur de l'échec

La peur de l'échec peut être une cause majeure de procrastination. Lorsque nous craignons de ne pas être en mesure d'accomplir une tâche au mieux de nos capacités ou d'échouer d'une manière ou d'une autre, il peut être tentant de reporter complètement la tâche. Cette peur peut être particulièrement forte si nous attachons notre estime de soi au résultat de la tâche ou si nous croyons que les autres nous jugeront en fonction de notre performance.

La peur de l'échec peut créer un cercle vicieux de procrastination. Au fur et à mesure que nous retardons le travail sur la tâche, la date limite approche et la pression pour effectuer augmente, ce qui peut conduire à encore plus d'anxiété et de peur. Ceci, à son tour, peut nous amener à éviter encore plus la tâche, ce qui entraîne encore plus de stress et d'anxiété.

Le perfectionnisme et la peur de l'échec vont souvent de pair. Lorsque nous avons des normes élevées pour nous-mêmes et que nous craignons de ne pas les respecter, il peut être facile de rester coincé dans un cycle de procrastination. C'est parce que nous pouvons penser que si nous ne pouvons pas faire quelque chose parfaitement, cela ne vaut pas la peine d'être fait du tout. En réalité, cependant, la plupart des tâches n'exigent pas la perfection, et il est parfois préférable de terminer une tâche imparfaitement que de ne pas la terminer du tout.

Pour surmonter la peur de l'échec et éviter la procrastination, il peut être utile de recadrer nos pensées et de nous concentrer sur le progrès plutôt que sur la perfection. Au lieu de viser la perfection, nous pouvons fixer des objectifs plus réalistes et nous concentrer sur la progression vers ces objectifs. Nous pouvons également remettre en question nos pensées négatives et nous rappeler que faire des erreurs et subir des revers fait naturellement partie du processus d'apprentissage. De plus, nous pouvons essayer de cultiver un état d'esprit de croissance, où nous considérons les défis comme des opportunités de croissance et d'apprentissage plutôt que comme des menaces pour notre estime de soi. En changeant notre état d'esprit et en nous concentrant sur le progrès plutôt que sur la perfection, nous pouvons surmonter la peur de l'échec et briser le cycle de la procrastination.

Faible estime de soi

Une faible estime de soi peut également être un facteur contribuant à la procrastination. Les personnes aux prises avec une faible estime de soi peuvent croire qu'elles ne sont pas capables d'atteindre leurs objectifs et peuvent se sentir dépassées ou anxieuses à l'idée d'assumer de nouvelles tâches ou responsabilités. Cela peut entraîner un manque de motivation et une tendance à remettre les choses à plus tard, car ils peuvent penser qu'il ne sert à rien d'essayer s'ils croient qu'ils finiront par échouer.

Une faible estime de soi peut également rendre difficile la demande d'aide ou de soutien, ce qui peut aggraver les sentiments de stress et d'anxiété et conduire à une procrastination supplémentaire. Dans certains cas, les personnes ayant une faible estime de soi peuvent également lutter contre le perfectionnisme, car elles peuvent avoir le sentiment qu'elles doivent accomplir des tâches sans faille pour prouver leur valeur ou éviter les critiques.

Pour surmonter la procrastination causée par une faible estime de soi, il est important de travailler sur le renforcement de la confiance en soi et de l'efficacité personnelle. Cela peut impliquer de fixer de petits objectifs réalisables et d'augmenter progressivement la difficulté des tâches à mesure que vous devenez plus à l'aise et confiant. Cela peut également impliquer de rechercher le soutien et les encouragements des autres, que ce soit en travaillant avec un mentor ou un coach ou en sollicitant les commentaires de collègues ou d'amis.

Stratégies pour vaincre la procrastination

La procrastination peut être incroyablement difficile à surmonter, mais pas impossible. Voyons comment nous pouvons nous en sortir. Voici quelques façons de procéder.

Identifiez les causes sous-jacentes : Comprendre les raisons pour lesquelles vous procrastinez peut être une première étape importante pour surmonter cette tendance. Il peut être utile de réfléchir à ce qui déclenche votre procrastination et à ce que vous essayez d'éviter ou de gagner en retardant des tâches.

Fixez-vous des objectifs et des priorités clairs : Avoir une idée claire de vos objectifs et de vos priorités peut vous aider à rester concentré et motivé, et à réduire la tentation de tergiverser. Décomposez vos objectifs en tâches plus petites et plus faciles à gérer, et hiérarchisez-les en fonction de leur importance et de leur urgence.

Décomposer les tâches en étapes plus petites: Les tâches importantes et complexes peuvent être intimidantes et peuvent conduire à la procrastination. Pour surmonter cela, essayez de décomposer les tâches en étapes plus petites et plus gérables. Cela peut vous aider à vous sentir plus en contrôle et à progresser plus facilement.

Utilisez la planification et le blocage du temps : La planification et le blocage du temps peuvent être des outils utiles pour gérer votre temps et rester sur la bonne voie. Réservez des blocs de temps dédiés à des tâches spécifiques et essayez d'éviter le multitâche ou le passage d'une tâche à l'autre.

Trouver la responsabilité : Avoir quelqu'un pour vous tenir responsable de vos actions peut être un puissant facteur de motivation. Envisagez de trouver un partenaire responsable ou de rejoindre un groupe ou une communauté qui peut vous soutenir et vous encourager.

La procrastination nécessite une combinaison de connaissances de soi, d'établissement d'objectifs et de compétences en gestion du temps. En identifiant les causes sous-jacentes de votre procrastination, en fixant des objectifs et des priorités clairs, en décomposant les tâches en étapes plus petites et en utilisant des outils tels que la planification et le blocage du temps, vous pouvez surmonter cette tendance et être plus productif.

GÉRER LES DISTRACTIONS ET AUGMENTER L'EFFICACITÉ

Gérer les distractions

Nous voulons tous réduire les distractions et être plus productifs, même si parfois nous sommes distraits et ne réalisons même pas que nous avons été distraits bien plus tard. Nous ne nous débarrasserons pas un jour de tous nos péchés de distraction, mais nous pouvons commencer par les identifier, puis travailler à les réduire progressivement.

Il existe de nombreuses sources différentes de distractions et d'interruptions, et elles peuvent varier en fonction de votre environnement, de votre style de travail et de vos préférences personnelles. Certaines sources courantes de distractions et d'interruptions comprennent :

Avis: Les notifications par e-mail, réseaux sociaux ou autres applications peuvent être des sources majeures de distraction. Ces notifications peuvent détourner votre attention de ce sur quoi vous travaillez et rendre la concentration plus difficile.

Le problème avec les notifications est qu'elles sont conçues pour capter notre attention et exiger une réponse immédiate. Chaque fois que nous recevons une notification, notre cerveau est distrait de la tâche à accomplir, et il faut du temps et des efforts mentaux pour recentrer notre attention et reprendre notre travail. Même si nous choisissons d'ignorer la notification, la simple présence de l'alerte peut créer un sentiment d'anticipation et d'anxiété qui peut nous distraire davantage et diminuer notre productivité.

De plus, les notifications peuvent déclencher la réponse dopaminergique dans notre cerveau, qui est la même réaction chimique associée au plaisir et à la récompense. Cela peut créer une boucle de rétroaction qui renforce notre désir de vérifier nos appareils et de répondre aux notifications, même lorsqu'elles ne sont pas essentielles ou urgentes.

Pour minimiser l'impact des notifications sur notre productivité, il est important de désactiver ou de réduire les notifications non essentielles sur nos appareils. Cela peut être fait en accédant aux paramètres de chaque application et en ajustant les préférences de notification. Il peut également être utile de planifier des heures précises pour consulter les e-mails, les réseaux sociaux et d'autres notifications, plutôt que de leur permettre d'interrompre notre travail tout au long de la journée.

Une autre option consiste à utiliser des outils logiciels qui peuvent aider à gérer les notifications et à réduire les distractions, telles que les applications de mise au point ou de productivité. Ces applications peuvent bloquer certains types de notifications pendant des périodes spécifiques ou fournir des rappels pour faire des pauses et rester concentré sur la tâche à accomplir.

En étant simplement conscient de nos paramètres de notification et en développant des stratégies pour les gérer, nous pouvons réduire les distractions et améliorer notre capacité à nous concentrer sur les tâches importantes de notre vie.

Interruptions des autres : Les interruptions des autres peuvent être une source importante de distractions, en particulier sur le lieu de travail. Ces interruptions peuvent prendre la forme d'un collègue s'arrêtant à votre bureau pour discuter, d'un appel téléphonique ou d'une notification par e-mail. Ils peuvent vous faire perdre votre concentration et votre élan sur la tâche sur laquelle vous travailliez, ce qui peut entraîner une baisse de productivité et une augmentation du stress.

L'une des raisons pour lesquelles les interruptions des autres peuvent être si distrayantes est qu'elles vous obligent à détourner votre attention de ce que vous faisiez et à vous recentrer sur l'interruption. Cela peut demander un effort mental important, surtout si l'interruption est inattendue ou vous oblige à changer complètement de tâche. Cela peut également prendre du temps pour reprendre le fil de ce sur quoi vous travailliez avant l'interruption, ce qui réduit encore votre productivité.

De plus, les interruptions des autres peuvent donner l'impression d'être submergé ou surchargé de travail. Si vous êtes constamment interrompu tout au long de la journée, il peut être difficile de progresser sur vos tâches les plus importantes, ce qui peut créer un sentiment d'être en retard ou dépassé.

Pour minimiser les interruptions des autres, il peut être utile d'établir des limites claires et de les communiquer efficacement. Par exemple, vous pourriez faire savoir à vos collègues que vous travaillez sur un projet important et que vous préférez ne pas être interrompu à moins que ce ne soit urgent. Vous pouvez également prévoir des moments précis de la journée où vous êtes disponible pour des réunions ou des conversations, et encourager vos collègues à respecter ces horaires.

Une autre stratégie efficace consiste à vous rendre moins disponible pour les interruptions en fermant la porte de votre bureau ou en mettant des écouteurs antibruit. Cela envoie un signal aux autres que vous êtes concentré et ne devrait pas être interrompu à moins que cela ne soit absolument nécessaire.

Enfin, il est important d'être proactif dans la gestion de votre charge de travail et l'établissement des priorités. En hiérarchisant vos tâches les plus importantes et en y travaillant en premier, vous pouvez réduire le risque d'être interrompu pendant les périodes de travail critiques. De plus, en définissant des attentes réalistes avec les collègues et les parties prenantes, vous pouvez réduire la pression pour être constamment disponible et réactif, ce qui peut aider à réduire les interruptions et les distractions.

Bruit et distractions dans votre environnement : Le bruit et d'autres distractions dans votre environnement peuvent être une source importante de distraction qui peut perturber votre concentration et réduire votre productivité. Les bruits externes tels que la circulation, la construction ou les conversations peuvent être particulièrement perturbateurs lorsque vous essayez de vous concentrer sur une tâche. En plus du bruit, d'autres distractions visuelles dans votre environnement peuvent également être problématiques, telles que des espaces de travail encombrés ou désorganisés, des mouvements ou activités fréquents autour de vous, ou même des notifications de vos appareils.

Ces distractions peuvent conduire à un phénomène connu sous le nom de "résidus d'attention", où votre esprit continue de se concentrer sur la tâche précédente même après qu'elle est terminée, vous empêchant de vous engager pleinement dans votre tâche actuelle. Cela peut entraîner une diminution de l'efficacité et une augmentation des niveaux de stress.

Pour minimiser l'impact du bruit et des distractions dans votre environnement, vous pouvez essayer quelques stratégies. Une approche consiste à essayer de contrôler votre environnement autant que possible. Cela peut signifier trouver un espace plus calme pour travailler, comme un bureau privé ou une bibliothèque. Vous pouvez également essayer de porter des écouteurs antibruit ou d'utiliser des applications qui génèrent du bruit blanc ou d'autres sons apaisants pour aider à masquer les bruits externes.

Une autre approche consiste à pratiquer la pleine conscience et à rester présent dans l'instant. Cela implique de reconnaître la présence de distractions externes sans leur permettre de consommer votre attention ou de vous distraire de votre tâche actuelle. Les exercices de pleine conscience tels que la respiration profonde, la méditation ou la visualisation peuvent vous aider à entraîner votre esprit à vous concentrer plus efficacement et à filtrer les distractions externes.

Enfin, vous pouvez essayer de créer un environnement sans distraction en supprimant les sources potentielles de distraction ou d'interruptions. Cela peut inclure la désactivation des notifications sur vos appareils, la mise en mode silencieux ou dans une pièce séparée de votre téléphone et la limitation de votre accès aux médias sociaux ou à d'autres sites Web gênants pendant que vous travaillez. En créant un environnement sans distraction et en pratiquant la pleine conscience, vous pouvez améliorer votre capacité à vous concentrer et augmenter votre productivité.

Habitudes et tendances personnelles: Les habitudes et les tendances personnelles peuvent causer des distractions de plusieurs façons. Par exemple, certaines personnes ont tendance à effectuer plusieurs tâches à la fois, ce qui peut entraîner une diminution de la productivité et de l'attention portée aux détails. Alors que certaines personnes pensent que le multitâche est un moyen efficace d'en faire plus en moins de temps, des recherches ont montré qu'il peut en fait réduire la productivité jusqu'à 40 %.

De plus, certaines personnes peuvent avoir tendance à procrastiner, ce qui peut entraîner un manque de motivation et de concentration. La procrastination peut également causer du stress et de l'anxiété, ce qui peut vous distraire davantage de la tâche à accomplir. D'autres habitudes personnelles qui peuvent causer des distractions incluent le perfectionnisme, qui peut conduire à passer trop de temps sur une tâche, et l'impulsivité, qui peut conduire à des distractions dues à des comportements impulsifs.

De plus, les distractions personnelles telles que la faim, la fatigue et l'inconfort physique peuvent également avoir un impact sur votre capacité à vous concentrer et à rester concentré. Par exemple, si vous avez faim ou soif, vous pouvez avoir du mal à vous concentrer sur une tâche, car votre esprit peut être préoccupé par des pensées de nourriture ou de boisson. De même, si vous ressentez une gêne ou une douleur physique, comme un mal de tête ou un mal de dos, il peut être difficile de se concentrer sur votre travail.

Il est important d'identifier vos propres habitudes et tendances personnelles qui peuvent causer des distractions afin que vous puissiez prendre des mesures pour les atténuer. Par exemple, si vous avez tendance à remettre à plus tard, vous pouvez essayer de décomposer les tâches en étapes plus petites et plus gérables et de fixer des délais spécifiques pour chaque étape. Si vous avez tendance à effectuer plusieurs tâches à la fois, essayez de vous concentrer sur une tâche à la fois et de minimiser les distractions dans votre environnement. Si vous êtes facilement distrait par un inconfort physique, assurez-vous d'être à l'aise avant de commencer une tâche et faites des pauses au besoin pour vous étirer et vous déplacer.

Comprendre vos habitudes et tendances personnelles qui peuvent causer des distractions est une étape importante pour améliorer votre capacité à vous concentrer et à être productif. En prenant des mesures pour atténuer ces distractions, vous pouvez améliorer vos performances au travail et atteindre vos objectifs plus efficacement.

Il existe de nombreuses sources différentes de distractions et d'interruptions, et il peut être utile d'identifier les distractions et les interruptions spécifiques qui ont un impact sur votre productivité. Une fois que vous savez ce qui cause vos distractions et vos interruptions, vous pouvez prendre des mesures pour les minimiser ou les éliminer et améliorer votre concentration et votre productivité.

Utilisez des outils pour bloquer les distractions : Il existe une variété d'outils et de logiciels qui peuvent vous aider à bloquer les distractions et à rester concentré. Il existe plusieurs outils et techniques qui peuvent être utilisés pour minimiser les distractions et augmenter la concentration. Voici quelques exemples:

Casque antibruit: Ces écouteurs utilisent la technologie pour annuler les bruits extérieurs et créer un environnement plus paisible. Ils peuvent sembler très chers au début, mais la paix et la tranquillité qu'ils procurent sont inestimables.

Applications de productivité : Il existe de nombreuses applications de productivité disponibles qui peuvent vous aider à rester concentré sur votre tâche et à minimiser les distractions. Certaines options populaires incluent RescueTime, Forest et Focus@Will.

Extensions de navigateur : Il existe plusieurs extensions de navigateur qui peuvent aider à bloquer les sites Web et les plateformes de médias sociaux distrayants. Les exemples incluent StayFocusd et Freedom.

Logiciel de gestion du temps : Un logiciel de gestion du temps peut vous aider à suivre votre temps et à rester concentré sur vos tâches. Les exemples incluent Toggl et Harvest.

Outils de gestion des tâches : Ces outils peuvent vous aider à rester organisé et concentré en gardant une trace de votre liste de tâches et de vos priorités. Les exemples incluent Todoist et Trello.

Barrières physiques:La mise en place de barrières physiques peut aider à réduire les distractions. Par exemple, fermez la porte de votre bureau ou utilisez un séparateur de pièce pour bloquer le bruit et les distractions visuelles.

Il est important de noter que différents outils et techniques fonctionnent pour différentes personnes, et il est important d'expérimenter pour trouver ce qui fonctionne le mieux pour vous. De plus, alors que les outils et les techniques peuvent aider à minimiser les distractions, il est également important de s'attaquer aux causes profondes de la distraction, telles que les habitudes et les tendances personnelles, pour obtenir des améliorations à long terme de la concentration et de la productivité.

Créez un environnement sans distraction : Votre environnement physique peut également être une source de distractions. Pour minimiser les distractions, essayez de créer un espace de travail propre, organisé et calme. Cela peut impliquer de trouver un endroit calme pour travailler ou d'utiliser des écouteurs antibruit pour bloquer le bruit.

Évitez le multitâche : Le multitâche peut être une source majeure de distractions, car il implique de basculer constamment entre différentes tâches et différents contextes. Pour minimiser les distractions, essayez de vous concentrer sur une tâche à la fois et évitez de passer d'une tâche à l'autre à moins que cela ne soit absolument nécessaire.

Communiquer avec les autres : Si les interruptions d'autres personnes sont une source majeure de distraction, il peut être utile de communiquer vos besoins et vos limites. Cela peut impliquer de faire savoir aux autres que vous n'êtes pas disponible ou de définir des heures spécifiques pour les réunions ou les conversations.

Minimiser les distractions nécessite une combinaison de compétences de conscience de soi, de définition de limites et de gestion du temps. En identifiant vos distractions, en fixant des limites, en utilisant des outils pour bloquer les distractions, en créant un environnement sans distraction, en évitant le multitâche et en communiquant avec les autres, vous pouvez minimiser l'impact des distractions et rester concentré sur ce que vous devez faire.

Accroître l'efficacité et la productivité

Augmenter l'efficacité et la productivité consiste à maximiser votre production et à en faire plus en moins de temps. Voici quelques stratégies pour augmenter l'efficacité et la productivité :

Identifiez vos objectifs : Pour augmenter votre efficacité et votre productivité, il est important de savoir vers quoi vous travaillez. Définissez clairement vos objectifs et vos priorités et utilisez-les comme guide pour répartir votre temps et vos ressources.

Décomposez les tâches en étapes plus petites : Les tâches importantes et complexes peuvent être écrasantes et peuvent conduire à la procrastination. Pour augmenter votre efficacité, essayez de décomposer les tâches en étapes plus petites et plus gérables. Cela peut vous aider à vous sentir plus en contrôle et à progresser plus facilement.

Utilisez la planification et le blocage du temps : La planification et le blocage du temps peuvent être des outils utiles pour gérer votre temps et rester sur la bonne voie. Réservez des blocs de temps dédiés à des tâches spécifiques et essayez d'éviter le multitâche ou le passage d'une tâche à l'autre.

Minimisez les distractions et les interruptions : Les distractions et les interruptions peuvent être des défis majeurs lorsqu'il s'agit d'augmenter votre efficacité et votre productivité. Pour minimiser ces distractions, essayez de fixer des limites, d'utiliser des outils pour bloquer les distractions, de créer un environnement sans distraction et d'éviter le multitâche.

Faites des pauses et accordez la priorité aux soins personnels : Il est important de faire des pauses et de donner la priorité aux soins personnels afin de maintenir votre énergie et votre concentration. Des pauses régulières peuvent vous aider à recharger vos batteries et à vous recentrer, et prendre soin de votre santé physique et mentale peut vous aider à être globalement plus productif.

Évaluer et améliorer en permanence : Pour augmenter votre efficacité et votre productivité, il est important d'évaluer et d'améliorer en permanence vos processus de travail. Cela peut impliquer de rechercher les commentaires des autres, d'expérimenter différentes approches ou d'acquérir de nouvelles compétences et de nouveaux outils.

Rationalisation des tâches et du flux de travail

La rationalisation des tâches et du flux de travail consiste à trouver des moyens de travailler plus efficacement et à réduire les étapes inutiles ou les goulots d'étranglement dans votre processus. Voici quelques techniques pour rationaliser les tâches et le flux de travail :

Identifiez les goulots d'étranglement : L'identification des goulots d'étranglement dans votre flux de travail peut être un moyen utile d'identifier les domaines dans lesquels vous pouvez améliorer l'efficacité et la productivité. Voici quelques étapes que vous pouvez suivre pour identifier les goulots d'étranglement et rationaliser vos tâches :

Identifiez les processus : Commencez par cartographier tous les processus impliqués dans la tâche ou le projet. Cela peut impliquer de décomposer la tâche en étapes ou sous-tâches plus petites. Une fois que vous avez une compréhension claire de l'ensemble du processus, vous pouvez commencer à identifier où se trouvent les goulots d'étranglement.

Analysez chaque étape : Examinez de plus près chaque étape du processus et identifiez les étapes qui prennent plus de temps qu'elles ne le devraient. Cela peut être dû à diverses raisons telles que le manque de ressources, une mauvaise communication ou un manque de compréhension du processus.

Prioriser les goulots d'étranglement : Une fois que vous avez identifié les goulots d'étranglement, hiérarchisez-les en fonction de leur impact sur l'ensemble du processus. Certains goulots d'étranglement peuvent être plus critiques que d'autres, il est donc important de se concentrer sur ceux qui auront le plus grand impact sur le processus.

<u>Développer des solutions :</u> Après avoir hiérarchisé les goulots d'étranglement, développez des solutions potentielles pour chacun d'entre eux. Cela peut impliquer l'affectation de ressources supplémentaires à certaines étapes, l'amélioration de la communication ou la rationalisation de certains processus.

<u>Testez les solutions :</u> Une fois que vous avez développé des solutions, testez-les pour voir si elles sont efficaces. Cela peut impliquer de mettre en œuvre les solutions à petite échelle et de surveiller leur impact avant de les déployer à plus grande échelle.

<u>Surveillez et améliorez en permanence :</u> Une fois que vous avez mis en œuvre les solutions, continuez à surveiller le processus pour vous assurer que les goulots d'étranglement ont été éliminés ou réduits. Si nécessaire, apportez d'autres améliorations au processus pour continuer à rationaliser et à améliorer l'efficacité.

Il existe également plusieurs outils et techniques qui peuvent être utilisés pour aider à identifier les goulots d'étranglement et à rationaliser les tâches, notamment la cartographie des processus, les organigrammes et les outils d'analyse de données. Ces outils peuvent fournir une représentation visuelle du processus et aider à identifier les domaines où des améliorations peuvent être apportées.

Automatisez les tâches répétitives : L'automatisation des tâches répétitives peut être un moyen efficace de rationaliser votre flux de travail. L'automatisation des tâches répétitives peut vous faire gagner un temps considérable et rationaliser votre flux de travail. Voici quelques étapes que vous pouvez suivre pour automatiser les tâches :

Identifiez les tâches qui sont répétitives et chronophages : Recherchez les tâches que vous effectuez régulièrement et qui prennent beaucoup de votre temps.

Évaluez les tâches pour voir celles qui peuvent être automatisées : Certaines tâches peuvent être trop complexes ou nécessiter une intervention humaine, mais d'autres peuvent être automatisées facilement.

Choisissez les bons outils d'automatisation : Il existe de nombreux outils d'automatisation disponibles, tels que Zapier, IFTTT et Microsoft Power Automate, qui peuvent vous aider à automatiser vos tâches.

Créez un plan d'automatisation : Déterminez la séquence d'étapes qui doivent être automatisées et l'outil ou le programme spécifique que vous utiliserez pour chaque tâche.

Testez et affinez l'automatisation : Une fois que vous avez configuré l'automatisation, testez-la soigneusement pour vous assurer qu'elle fonctionne comme prévu. Affiner le processus au besoin pour assurer une efficacité optimale.

Surveiller l'automatisation : Vérifiez régulièrement que les tâches automatisées sont exécutées correctement et ajustez-les si nécessaire.

En automatisant les tâches répétitives, vous pouvez libérer du temps pour vous concentrer sur d'autres tâches importantes et atteindre une plus grande productivité.

Simplifiez vos processus : La rationalisation de vos tâches et de votre flux de travail peut également impliquer la simplification de vos processus. Cela peut impliquer l'élimination d'étapes inutiles, la rationalisation de la communication ou la consolidation des tâches.

Utilisez des modèles et des documents standardisés : L'utilisation de modèles et de documents standardisés peut vous aider à gagner du temps et à réduire les erreurs en fournissant une structure cohérente pour votre travail. Cela peut inclure des modèles de rapports, de présentations ou d'autres types de documents.

Mettre en place un système de gestion de projet : La mise en œuvre d'un système de gestion de projet peut vous aider à rationaliser les tâches en fournissant une approche structurée de la gestion des projets et des tâches. Le système peut vous aider à hiérarchiser les tâches, à fixer des délais et à attribuer des responsabilités aux membres de l'équipe. Voici quelques étapes pour mettre en place un système de gestion de projet :

Choisissez un outil de gestion de projet : Il existe plusieurs outils de gestion de projet disponibles, gratuits et payants. Certains populaires incluent Trello, Asana et Monday.com. Choisissez un outil qui correspond le mieux à vos besoins.

Définir le projet : Définir clairement les buts, les objectifs et les livrables du projet. Décomposez le projet en tâches et sous-tâches plus petites et fixez des délais pour chacune.

Attribuez des tâches et des responsabilités : Attribuez des tâches aux membres de l'équipe et fixez des délais. Assurez-vous que chacun est clair sur ses responsabilités et sur ce que l'on attend d'eux.

Surveiller les progrès : Utilisez l'outil de gestion de projet pour surveiller la progression et suivre l'état de chaque tâche. Mettez à jour l'outil régulièrement pour vous assurer que tout le monde est à jour.

Communiquer: La communication est la clé d'une gestion de projet réussie. Utilisez l'outil de gestion de projet pour communiquer avec les membres de l'équipe, partager des fichiers et des documents et fournir des commentaires.

Évaluer et améliorer : Une fois le projet terminé, évaluez son succès et identifiez les domaines à améliorer. Utilisez ces commentaires pour améliorer votre système de gestion de projet pour de futurs projets.

La mise en œuvre d'un système de gestion de projet peut

prendre du temps et des efforts, mais les avantages en valent la peine. Il peut vous aider à rationaliser les tâches, à améliorer la productivité et à garantir que les projets sont terminés dans les délais et dans les limites du budget.

Rechercher des commentaires et s'améliorer continuellement : Pour continuer à rationaliser vos tâches et votre flux de travail, il est important de solliciter les commentaires des autres et d'évaluer et d'améliorer en permanence vos processus. Cela peut impliquer de solliciter les commentaires des membres de l'équipe, d'expérimenter de nouvelles approches ou d'acquérir de nouvelles compétences et de nouveaux outils.

La rationalisation des tâches et du flux de travail nécessite une combinaison d'automatisation, de simplification, de normalisation et d'amélioration continue. En identifiant les goulots d'étranglement, en automatisant les tâches répétitives, en simplifiant vos processus, en utilisant des modèles et des documents standardisés, en mettant en œuvre un système de gestion de projet et en sollicitant des commentaires, vous pouvez améliorer votre efficience et votre efficacité et rationaliser vos tâches et votre flux de travail.

MAINTENIR L'ÉQUILIBRE TRAVAIL-VIE PERSONNELLE

L'importance de maintenir l'équilibre entre la vie professionnelle et la vie personnelle

L'équilibre travail-vie personnelle fait référence à la recherche d'un équilibre optimal entre les responsabilités professionnelles et les responsabilités personnelles, telles que la famille, les amis, les passe-temps et les loisirs. C'est la capacité de gérer avec succès les exigences et les priorités du travail et de la vie personnelle sans que l'une n'interfère avec l'autre.

L'une des principales raisons de devenir meilleur dans la gestion du temps est de construire cet équilibre. Plus nous sommes efficaces au travail, plus nous pouvons passer de temps en dehors du travail. La meilleure gestion du temps réduit notre niveau de stress, ce qui nous permet de mieux profiter de notre temps au travail et à l'extérieur.

L'équilibre entre vie professionnelle et vie privée est important car il peut améliorer le bien-être général, réduire le stress et l'épuisement professionnel, augmenter la satisfaction au travail et la productivité et améliorer les relations avec la famille et les amis. L'équilibre travail-vie personnelle peut également mener à une vie plus épanouissante, permettant aux individus de poursuivre leurs intérêts et passe-temps personnels, de passer du temps de qualité avec leurs proches et de prendre soin de leur santé physique et émotionnelle.

Cependant, il est important de noter que l'équilibre travail-vie personnelle ne signifie pas nécessairement que l'on doit passer un temps égal entre le travail et la vie personnelle. Il s'agit plutôt de trouver un équilibre qui convient aux circonstances et aux priorités uniques de chaque individu. Certaines personnes peuvent donner plus de priorité au travail, tandis que d'autres peuvent donner plus de priorité à la vie personnelle. La clé est de trouver un équilibre qui fonctionne pour les besoins et les priorités de chacun, tout en veillant à ce que ni le travail ni la vie personnelle ne soient négligés.

Stratégies de gestion de l'équilibre travail-vie personnelle

La gestion de l'équilibre travail-vie personnelle consiste à trouver un équilibre sain entre vos engagements professionnels et personnels et à consacrer du temps aux choses qui sont importantes pour vous. Voici quelques stratégies pour gérer l'équilibre travail-vie :

Fixez des limites claires : Pour gérer votre équilibre travail-vie personnelle, il est important de définir des limites claires entre votre travail et votre temps personnel. Cela peut impliquer de fixer des heures de travail spécifiques ou de réserver des blocs de temps dédiés à des activités personnelles.

Priorisez vos engagements : Pour gérer votre équilibre travail-vie personnelle, il est important de prioriser vos engagements et de vous concentrer sur ce qui est le plus important pour vous. Cela peut impliquer de définir des objectifs et des priorités clairs et de dire non aux engagements qui ne correspondent pas à vos valeurs ou à vos objectifs.

Déléguer et externaliser des tâches : Pour gérer votre charge de travail et libérer du temps pour d'autres engagements, envisagez de déléguer ou d'externaliser des tâches à d'autres. Cela peut impliquer l'embauche d'un assistant virtuel ou l'utilisation d'un outil de gestion des tâches pour attribuer des tâches aux membres de l'équipe.

Prenez le temps de prendre soin de vous : Les soins personnels sont un aspect important de l'équilibre travail-vie personnelle, et il est important de réserver du temps pour des activités qui nourrissent votre corps, votre esprit et votre esprit. Cela peut inclure des choses comme faire de l'exercice, méditer ou prendre des pauses pour se ressourcer.

Communiquez avec votre employeur : Si vous avez du mal à concilier votre travail et vos engagements personnels, il peut être utile de communiquer avec votre employeur. Cela peut impliquer la négociation d'arrangements de travail flexibles ou la recherche de soutien ou de ressources pour gérer votre charge de travail.

Cherchez du soutien : Pour gérer votre équilibre travail-vie personnelle, il est important de rechercher le soutien des autres. Cela peut impliquer de parler à un ami ou à un membre de la famille, de demander l'aide d'un coach ou d'un mentor, ou de rejoindre un groupe de soutien.

La gestion de l'équilibre travail-vie personnelle nécessite une combinaison d'établissement de limites, de priorisation, de délégation, de soins personnels, de communication et de soutien. En fixant des limites claires, en hiérarchisant vos engagements, en déléguant et en externalisant des tâches, en consacrant du temps aux soins personnels, en communiquant avec votre employeur et en cherchant du soutien, vous pouvez améliorer votre équilibre travail-vie personnelle et consacrer du temps aux choses qui sont les plus importantes pour vous. .

Avantages de l'équilibre travail-vie personnelle

Productivité améliorée : Maintenir un équilibre entre le travail et la vie personnelle peut aider à améliorer votre productivité. Lorsque vous avez un bon équilibre travail-vie personnelle, vous êtes plus susceptible d'être concentré et énergique lorsque vous travaillez, et moins susceptible d'être épuisé ou dépassé.

Moins de stress : Maintenir un équilibre entre le travail et la vie personnelle peut aider à réduire le stress et à améliorer votre bien-être général. Lorsque vous avez du temps pour vous et pour les choses que vous aimez en dehors du travail, vous pouvez réduire l'impact négatif du stress sur votre santé et votre bien-être. La réduction du stress contribue non seulement à votre niveau de bonheur général, mais contribue également à une meilleure productivité au travail. Qui savait?!

Meilleure prise de décision : Maintenir un équilibre entre le travail et la vie personnelle peut également aider à améliorer vos capacités de prise de décision. Lorsque vous êtes reposé et que vous n'êtes pas submergé par le travail, vous êtes plus susceptible de penser clairement et de prendre des décisions judicieuses.

Relations améliorées : Maintenir un équilibre entre le travail et la vie personnelle peut aider à améliorer vos relations avec les autres. Lorsque vous avez du temps à passer avec votre famille et vos amis, vous pouvez renforcer vos liens et améliorer votre qualité de vie globale.

Bonheur accru : Des études ont montré que les personnes qui maintiennent un équilibre entre le travail et la vie personnelle ont tendance à être plus heureuses et plus satisfaites de leur vie en général. En donnant la priorité à votre bien-être et aux choses que vous aimez, vous pouvez augmenter votre bonheur et votre bien-être en général.

Maintenir un équilibre entre le travail et la vie personnelle est important pour votre productivité, votre bien-être et votre qualité de vie globale. En prenant du temps pour vous et les choses que vous aimez, vous pouvez améliorer votre productivité, réduire votre stress, prendre de meilleures décisions, améliorer vos relations et augmenter votre bonheur.

La gestion du temps est le processus de planification et d'organisation de votre temps pour tirer le meilleur parti de votre temps disponible et augmenter votre productivité. Une gestion efficace du temps implique de fixer des objectifs clairs, de hiérarchiser les tâches, de minimiser les distractions et d'utiliser des techniques de planification et de blocage du temps.

Une bonne gestion du temps présente de nombreux avantages, notamment une productivité accrue, une réduction du stress, une meilleure prise de décision et de meilleures relations. Pour évaluer vos compétences actuelles en matière de gestion du temps, il peut être utile de mesurer la façon dont vous passez actuellement votre temps et d'identifier les pertes de temps courantes.

Pour améliorer vos compétences en gestion du temps, vous pouvez définir des objectifs clairs et spécifiques, décomposer des objectifs plus importants en tâches plus petites et plus gérables et utiliser des techniques pour hiérarchiser les tâches. La planification et le blocage du temps peuvent être des outils utiles pour gérer votre temps et rester sur la bonne voie. Il est important d'équilibrer le temps structuré et flexible pour permettre des événements inattendus et des opportunités inattendues.

La procrastination est un défi courant en matière de gestion du temps, et elle peut être surmontée en fixant des objectifs clairs, en décomposant les tâches en étapes plus petites et en utilisant des outils pour bloquer les distractions. La gestion des distractions et des interruptions est une partie importante de la gestion du temps, et elle peut être réalisée en fixant des limites, en utilisant des outils pour bloquer les distractions, en créant un environnement sans distraction et en évitant le multitâche.

Augmenter l'efficacité et la productivité implique d'identifier vos objectifs, de décomposer les tâches en étapes plus petites, d'utiliser la planification et le blocage du temps, de minimiser les distractions, de faire des pauses et de donner la priorité aux soins personnels. La rationalisation des tâches et du flux de travail implique l'identification des goulots d'étranglement, l'automatisation des tâches répétitives, la simplification des processus, l'utilisation de modèles et de documents standardisés, la mise en œuvre d'un système de gestion de projet et la recherche de commentaires.

Prendre des pauses et maintenir un bon équilibre entre vie professionnelle et vie privée sont importants pour la productivité, le bien-être et la qualité de vie globale. Les stratégies de gestion de l'équilibre travail-vie personnelle comprennent l'établissement de limites claires, la hiérarchisation des engagements, la délégation et l'externalisation des tâches, le temps consacré aux soins personnels, la communication avec votre employeur et la recherche de soutien.

Pour conclure, je voudrais juste dire que je comprends profondément à quel point il est difficile et frustrant de ne pas pouvoir accomplir les tâches que vous souhaitez à cause de la procrastination et d'une mauvaise gestion du temps en général. L'objectif de ce livre n'était pas de vous convertir en une machine de productivité du jour au lendemain, mais de vous aider à comprendre les problèmes fondamentaux derrière le problème et à créer des solutions exploitables qui peuvent avoir un impact immédiat, aussi minime soit-il. Si ce livre a réussi à vous aider à devenir encore un peu meilleur, alors j'ai le sentiment d'avoir fait mon travail avec succès ☺

www.ingramcontent.com/pod-product-compliance
Lightning Source LLC
Chambersburg PA
CBHW070800220526
45467CB00017B/556